Analyse der Arbeiterbildung in den Prophetischen Büchern Jeremia und in den Klageliedern

Die Lehre von der Arbeit in der Bibel, Volume 16

Biblische Predigten

Published by Seminit Publications, 2024.

ANALYSE DER ARBEITERBILDUNG IN DEN PROPHETISCHEN BÜCHERN JEREMIA UND IN DEN KLAGELIEDERN

First edition. April 30, 2024.

Copyright © 2024 Biblische Predigten.

ISBN: 979-8223348986

Written by Biblische Predigten.

Inhaltsverzeichnis

Einführung in das Buch Jeremia und die Klagelieder 1

Jeremia und sein Kontext 3

Die Berufung eines widerstrebenden Propheten und die Beschreibung der Rolle, die er spielen muss 5

Überblick über das Buch Jeremia 7

Arbeitsbezogene Themen im Buch Jeremia................................ 11

Der Ruf zur Arbeit (Jeremia 1).. 13

Die Güte und die Verschmutzung der Arbeit (Jeremia 2) 15

Anerkennung von Gottes Versorgung (Jeremia 5) 17

Erfolg und Misserfolg von materiellem Besitz (Jeremia 5) 19

Ungerechtigkeit, Habgier, Gemeinwohl und Integrität (Jeremia 5-8) | Ungerechtigkeit in der Welt 21

Gier 23

Arbeiten zum Wohle aller 25

Integrität 29

Glaube an Gottes Versorgung (Jeremia 8:16)............................... 31

Die Rolle der Arbeit für ein ausgeglichenes Leben (Jeremia 17) 35

Arbeit ist ein Segen für die ganze Gesellschaft (Jeremia 29)................. 37

Gottes Gegenwart ist überall (Jeremia 29) 41

Ein Segen für alle Völker (Jeremia 29)................................... 43

Die Wiederherstellung der Güte bei der Arbeit (Jeremia 30-33) 45

Die Emanzipation der Sklaven (Jeremia 34) 49

Steht fest in der Arbeit (Jeremia 38) 51

Jeremia, der Dichter in Aktion: Die Klagelieder 53

Abschluss des Buches Jeremia und der Klagelieder 55

Dedication

Jeremia 2:14. *Ist Israel ein Knecht, ein heimatloser Sklave, warum ist es so arm? Die Löwen brüllten über ihn und schrien und verwüsteten sein Land; seine Städte sind verbrannt ohne Einwohner. Auch die Söhne Nophs und Tahapanes haben dir die Krone deines Hauptes zerbrochen. Hast du das nicht selbst gesucht, da du den HERRN, deinen Gott, verlassen hast, da er dich auf den Weg führte?*

Das Volk Israel war in einen schrecklichen Zustand der Armut, des Hungers und der Unterdrückung gestürzt worden. Ihre Feinde hatten das Land so verwüstet, dass es voll von Löwen war, die sogar auf den Straßen schrien, wo einst Männer, Frauen und Kinder lebten. Und Gott sagt zu ihnen: "Ist das nicht die Folge eurer eigenen Sünde, war es nicht so, als ihr in meiner Nähe gelebt habt, habt ihr das nicht durch eure Sünde auf euch geladen? Also, Kind Gottes, wenn du heute Abend unglücklich bist, wenn du trauerst, wenn du in der Welt keinen Trost findest, wenn du auch bei Gott keinen Trost findest, "hast du dir das nicht selbst zuzuschreiben? Wenn du in der Nähe Gottes gelebt hast, wenn du ständig gebetet hast, wenn du auf dein Verhalten geachtet hast, wenn du still umhergegangen bist und Gott gebeten hast, dich Tag für Tag zu leiten, ging es dir dann nicht besser als jetzt? Damals war dein Friede wie ein Fluss und deine Gerechtigkeit wie die Wellen des Meeres. Wenn es jetzt nicht so ist, hast du es dir nicht selbst verschafft, indem du den Herrn, deinen Gott, verlassen hast, als er dich auf dem Weg führte?

— **Charles Spurgeon**

Einführung in das Buch Jeremia und die Klagelieder

Das Grundthema des Buches Jeremia besteht darin, die Treue des Volkes zu Gott in einem schwierigen Umfeld zu messen. Gott verurteilt unehrliche Praktiken in demselben Zusammenhang, in dem er Götzendienst und religiöse Heuchelei verurteilt, was deutlich macht, dass es in diesem prophetischen Buch nicht nur um religiöse Probleme geht, sondern auch um soziale und ethische Fragen. Jeremia befasst sich mit der Treue im religiösen, familiären, militärischen, staatlichen, landwirtschaftlichen und allen anderen Bereichen des Lebens und der Arbeit. Als Arbeitnehmer stehen wir heute vor einem ähnlichen Problem wie zur Zeit des Propheten. Wir sind aufgerufen, Gott bei der Arbeit treu zu sein, aber an vielen Arbeitsplätzen ist es nicht einfach, Gottes Wege zu gehen.

Jeremia wurde mit der Untreue fast des gesamten Volkes konfrontiert. Sie alle waren dem Herrn untreu, von den Königen über die Fürsten bis zu den Propheten, und doch gingen sie gewöhnlich in den Tempel, brachten Opfer dar und riefen den Namen des Herrn an, obwohl sie Gott in ihrem Lebenswandel ansonsten nicht anerkannten (Jer 7,1-11). Das sind dieselben Menschen, die heute sonntags in die Kirche gehen und ihre Opfergaben bringen, aber den Rest ihres Lebens so leben, als ob Gott nicht anwesend wäre.

Im Rahmen der Treue zu Gott enthält das Buch Jeremia mehrere Abschnitte, die sich direkt auf die Arbeit beziehen, und viele andere, die das Thema der Treue zu Gott in allen Aspekten des Lebens ansprechen, mit klaren Auswirkungen auf die Arbeit.

Jeremia stellt in seinen Prophezeiungen über die Arbeit nicht viele neue Grundsätze oder Gebote auf, sondern erkennt diejenigen an, die in den früheren Büchern der Bibel, insbesondere im Gesetz des Mose, offenbart wurden. Er tadelte das Volk Gottes, weil es das Gesetz nicht befolgte, und warnte es, dass dies Unheil bringen würde. Als das Unheil kam, lehrte er sie, wie sie Gottes Gesetz in ihrer neuen - und bedrückenden - Situation tatsächlich leben konnten. Er ermutigte sie auch mit Gottes Versprechen, dass er ihnen schließlich wieder Freude und Wohlstand schenken würde, wenn sie sich für eine Rückkehr zur Treue entscheiden würden.

Obwohl Jeremias Worte über die Arbeit etwa sechshundert Jahre vor dem Apostel Paulus gesprochen wurden, lassen sie sich leicht in Kolosser **3,23** zusammenfassen: *"Und was ihr tut, das tut von ganzem Herzen, als für den Herrn und nicht für die Menschen"*.

Jeremia und sein Kontext

Viele von uns empfinden ihre Arbeit als problematisch, zumindest manchmal. Einer der bemerkenswerten Aspekte des Buches Jeremia ist, dass die Situation des Propheten extrem schwierig war. Sein Arbeitsplatz (unter den Eliten, die Juda regierten) war korrupt und stand dem Wirken Gottes feindlich gegenüber. Jeremia war ständig in Gefahr, aber er war in der Lage, die Gegenwart des Herrn auch in den schwierigsten Situationen zu erkennen. Seine Beharrlichkeit erinnert uns daran, dass es möglich ist, die Gegenwart Gottes auch an den schwierigsten Arbeitsplätzen zu erfahren.

Jeremia wuchs in einer kleinen Stadt namens Anatot auf, fünf Kilometer nordöstlich von Jerusalem, der Hauptstadt von Juda. Obwohl die beiden Gemeinden geografisch nahe beieinander lagen, waren sie kulturell und politisch sehr unterschiedlich. Jeremia wurde in die priesterliche Linie Abjathars hineingeboren, hatte aber unter den Priestern Jerusalems wenig Ansehen. Jahrhunderte zuvor hatte Salomo die Autorität Abjathars unterdrückt (**1.** König **1,28-2,26**) und ihn in Jerusalem durch die priesterliche Linie Zadoks ersetzt.

Als Gott ihn zum Propheten in Jerusalem berief, fand sich Jeremia inmitten von Priestern wieder, die sein ererbtes Priesteramt nicht akzeptierten. Während seiner langen Karriere in Jerusalem war er ein misstrauischer und unbeliebter Außenseiter. Menschen, die an ihrem derzeitigen Arbeitsplatz mit kulturellen, ethnischen, rassischen, sprachlichen, religiösen oder anderen Vorurteilen konfrontiert sind, können sich mit dem identifizieren, womit Jeremia jeden Tag seines Lebens konfrontiert war.

Die Berufung eines widerstrebenden Propheten und die Beschreibung der Rolle, die er spielen muss

Im dreizehnten Jahr der Herrschaft Josias, im Alter von zwanzig Jahren, wurde Jeremia von Gott zum Propheten berufen (Jer. **1:2**). Seine Aufgabe war es, Gottes Botschaften *"über die Völker und über die Königreiche zu bringen, aufzurichten und niederzureißen, zu zerstören und umzustürzen, zu bauen und zu pflanzen"* (Jer **1,10**). Gottes Botschaften durch Jeremia waren weder freundlich noch positiv, denn die Juden waren verhängnisvollerweise kurz davor, Gott nicht mehr treu zu sein. Durch Jeremia rief der Herr sie zurück zu ihm, bevor das Chaos ausbrach. Wie ein externer Berater, der angeheuert wurde, um die etablierte Ordnung in einem Unternehmen zu reorganisieren, wurde der Prophet berufen, die etablierten Praktiken im Königreich Juda zu ändern. Ein Teil seiner Aufgabe bestand darin, den Götzendienst und die bösen Praktiken, die Teil des Kults geworden waren, zu bekämpfen.

Sein prophetisches Wirken begann während der guten Regierungszeit von König Josia und setzte sich während der Regierungszeiten der bösen Nachfolger Joahas, Jojakim, Jojakim und Zedekia sowie während der völligen Zerstörung Jerusalems unter dem Babylonier Nebukadnezar im Jahr **586** v. Chr. fort. Während seiner vier Jahrzehnte als Gottes Prophet in Jerusalem wurde Jeremia ständig verspottet und von den Bewohnern der Stadt zum Gespött gemacht. Tatsächlich entkam er nur knapp mehreren Anschlägen auf sein Leben (Jer **11,21**; **18,18**; **20,2**; **26,8**; **38**).

Jeremia hat sich nicht um das Amt des Propheten beworben, und wir finden nirgendwo im Text, dass er Gottes Ruf, sein Sprecher zu sein, *"angenommen"* hätte. Dies steht im Gegensatz zum Text von Jesaja, der

6

nach seiner Vision von Gottes Heiligkeit und Majestät ihn fragen hörte: *"Wen soll ich senden, und wer wird für uns gehen?"* Darauf antwortete Jesaja: *"Hier bin ich; sende mich"* (Jesaja **6,8**). Als Gott zu Jeremia sagte, dass er sein Sprecher in Jerusalem sein würde, protestierte der Prophet gegen seine Jugend und seinen Mangel an Erfahrung (Jeremia **1,6-7**). Gott schien diesen Protest jedoch zu ignorieren, indem er ihm sofort prophetische Botschaften für das Volk gab (Jer. **1:11-16**). Später gab Gott dem neuen Propheten auch Anweisungen, eine Warnung und ein Versprechen:

Darum gürtet eure Lenden, steht auf und sagt ihnen alles, was ich euch gebiete. Fürchte dich nicht vor ihnen, damit ich dich nicht vor ihnen fürchten muss. Siehe, ich habe dich heute wie eine feste Stadt, eine eiserne Säule und eine bronzene Mauer gegen das ganze Land gesetzt, gegen die Könige von Juda, ihre Fürsten, ihre Priester und das Volk des Landes. *"Sie werden gegen dich kämpfen, aber sie werden dich nicht überwältigen; denn ich bin mit dir,* spricht der Herr, *um dich zu retten"* (Jer **1,17-19**).

Jeremia wusste von Anfang an, dass seine Arbeit als Prophet schwierig sein würde. Seine Aufgabe würde ihn mit dem gesamten Volk von Juda konfrontieren, vom König, den Fürsten und Priestern bis hin zu den Menschen auf den Straßen der Stadt. Aber er erhielt einen klaren Ruf von Gott, diese schwierige Arbeit zu tun, und er vertraute darauf, dass Gott ihn führen würde.

Überblick über das Buch Jeremia

D as Buch Jeremia spiegelt die sich verschlechternde Situation wider, in der sich der Prophet befand. Bei mehreren Gelegenheiten hatte er die wenig beneidenswerte Aufgabe, die religiöse Heuchelei, die wirtschaftliche Unehrlichkeit und die unterdrückerischen Praktiken der Führer Judas und ihrer Gefolgsleute aufzudecken. Jeremia war die Stimme des Alarms, der Wachhund, der auf schwierige Wahrheiten aufmerksam machte, die andere lieber ignorierten.

Denn so spricht der HERR über das Haus des Königs von Juda.... Ich will euch zu einer Wüste machen wie die unbewohnten Städte. Ich werde Zerstörer gegen dich einsetzen. Viele Völker werden an dieser Stadt vorbeiziehen, und ein jedes wird zu seinem Nachbarn sagen: "*Warum hat der Herr dieser großen Stadt das angetan?*" Dann werden sie antworten: "*Weil sie den Bund des Herrn, ihres Gottes, verlassen haben.* (Jer **22:6-9**)

Er war der Pessimist, der in Wirklichkeit der Realist war. Außerdem wurde er von falschen Propheten abgelehnt und verspottet, die darauf bestanden, dass Gott niemals zulassen würde, dass die Stadt Jerusalem in die Hände eines Angreifers fällt.

Jeremias Beharrlichkeit, mit der er seine unerwünschte Botschaft vier Jahrzehnte lang vertrat, ist bemerkenswert; er gab einfach nicht auf angesichts einer scheinbar unmöglichen Aufgabe. Wie viele von uns haben in ähnlichen Situationen aufgegeben? Jeremias konsequente Treue bei der Befolgung von Gottes Anweisungen ist beeindruckend angesichts der unerbittlichen Opposition und der harschen Kritik, der er ausgesetzt war. Obwohl er oft als "*weinender Prophet*" bezeichnet wurde, weil er über die Sünde seines Volkes trauerte und es nicht schaffte, sie zur Rückkehr zu *Jahwe zu* bewegen, wankte Jeremias Zuversicht nie. Er wusste, dass Gott, der ihn an seinen Platz gestellt hatte, die Wahrheit seiner Botschaft bestätigen würde. Der Prophet konnte seiner ungewollten Berufung treu bleiben, denn Gott hatte versprochen, ihm treu zu sein. *"Sie werden gegen dich kämpfen, aber sie werden dich nicht überwältigen; denn ich bin mit dir*, spricht der Herr, *um dich zu erretten"* (Jer. **1,19**).

Im Jahr **605** griff Nebukadnezar von Babylon Jerusalem an und nahm zehntausend der fähigsten Juden mit (darunter Hesekiel und Daniel). Zu dieser Zeit wurde Jeremias Aufgabe erweitert, den Juden im Exil das Wort Gottes zu bringen (Jer **29**). Unter den gefangenen Juden befanden sich falsche Propheten, die den Exilanten versicherten, dass die Tage Babylons gezählt seien und dass Gott niemals zulassen würde, dass die Einwohner Jerusalems in Gefangenschaft gingen, während Jeremia sie warnte, dass sie siebzig Jahre in Babylon bleiben würden. Anstatt falschen Hoffnungen nachzugeben, ließen sich die Juden im Land nieder, bauten Häuser, legten Gärten an, verheirateten ihre Kinder und hörten nicht mehr auf die falschen Propheten.

In der Zwischenzeit lehnten die verbliebenen Bewohner Judas die Botschaft Gottes weiterhin ab. Im Jahr **586** kehrten die Babylonier zurück, plünderten Jerusalem, rissen die Mauern nieder, zerstörten den Tempel Stein für Stein und nahmen die verbliebenen arbeitsfähigen Gefangenen mit. Erneut änderte sich Jeremias Rolle (Jer. **40-45**). Gott behielt ihn in der zerstörten Stadt, die kurzzeitig von Gedalja regiert wurde, um den neuen Statthalter zu ermutigen und dem Volk zu helfen, zu verstehen, was geschehen war und wie es inmitten der Zerstörung weitergehen sollte. Aber wieder einmal vertrauten sie trotz ihrer Bitten, auf Gottes Botschaft zu hören, auf ein armseliges Militärbündnis mit Ägypten, das Babylonien schnell besiegte. Jeremia wurde nach Ägypten verschleppt, wo er starb. Am Ende musste der Prophet sowohl die Sturheit und Weigerung der Herrscher, auf Gottes Botschaften zu hören, als auch die daraus resultierende Katastrophe ertragen. Propheten und Christen am Arbeitsplatz werden vielleicht feststellen, dass sie nicht die Fähigkeit haben, alles Böse zu überwinden. Manchmal bedeutet Erfolg, das zu tun, von dem wir wissen, dass es richtig ist, auch wenn alles gegen uns ist.

In den letzten Kapiteln (**46-52**) geht es vor allem um das Gericht, das Gott über alle Völker, nicht nur über Juda, bringen wird. Obwohl Gott Babylon gegen Juda einsetzte, würde auch Babylon der Strafe nicht entgehen.

Wenn man Jeremia liest, kann man nicht anders, als von den katastrophalen Folgen des anhaltenden Mangels an Glauben seitens der Führer Judas - der Könige, der Priester und der Propheten - beeindruckt zu sein. Ihr Mangel an Visionen und ihre Bereitschaft, die Lügen zu glauben, die sie sich gegenseitig erzählten, führten zur völligen Zerstörung des Landes und seiner Hauptstadt Jerusalem. Die Arbeit, die Gott uns gibt, ist eine ernste Angelegenheit. Wenn wir uns bei unserer Arbeit nicht an Gottes Wort halten, können wir uns selbst und unseren Mitmenschen schweren Schaden zufügen. Die Führung des Volkes Israel war die Aufgabe des Königs, der Priester und der Propheten. Die nationale Katastrophe, die bald über Israel hereinbrach, war das direkte Ergebnis ihrer schlechten Entscheidungen und ihres Versagens, ihrer Verantwortung gegenüber dem Bund gerecht zu werden.

Arbeitsbezogene Themen im Buch Jeremia

Das Buch Jeremia ist nicht wie eine Abhandlung über die Arbeit aufgebaut. Daher tauchen arbeitsbezogene Themen an verschiedenen Stellen des Buches auf, manchmal durch viele Kapitel getrennt, manchmal zusammen in einem Kapitel oder Abschnitt. Soweit wie möglich werden wir diese Themen und Abschnitte in der Reihenfolge behandeln, in der sie in Jeremia erscheinen.

Wir haben gesehen, dass es Jeremias Hauptanliegen ist, dass das Volk Gott treu ist. Wenn wir weiter lesen, können wir unsere Arbeit als einen wichtigen Bereich sehen, in dem Gott möchte, dass wir treu sind. Wenn dies der Fall ist, werden wir Gottes Gegenwart in unserer Arbeit erfahren. Daher sind unsere Treue zu Gott und seine Gegenwart in unserer Arbeit miteinander verbundene Themen, auf die wir oft zurückkommen werden.

Der Ruf zur Arbeit (Jeremia 1)

Wie wir gesehen haben, bereitete Gott Jeremia schon vor seiner Geburt auf das Amt eines Propheten vor (Jer **1,5**) und rief ihn zur rechten Zeit zu diesem Amt (Jer **1,10**). Jeremia folgte treu dem Ruf Gottes zu seiner Arbeit, und Gott gab ihm das Wissen, das er für seine Arbeit brauchte (Jer **1,17**).

Obwohl Jeremias Berufung die eines Propheten war, gibt es keinen zwingenden Grund für die Annahme, dass das Muster der Berufung durch Gott, gefolgt von einer treuen menschlichen Antwort und der anschließenden Bereitstellung des Werkes durch Gott, auf Propheten beschränkt ist. Gott hat Josef (1. Mose **39,1-6**; **41,38-57**), Bezalel und Aholiab (2. Mose **36-39**) und David (**1. Samuel 16,1-13**) berufen und ausgerüstet, um als Schatzmeister, Werkmeister bzw. König zu dienen. Im Neuen Testament sagt Paulus, dass Gott alle Gläubigen darauf vorbereitet, nach seinen Plänen für die Welt zu arbeiten (1. Kor. **12-14**). Wir können in Jeremia ein Vorbild für alle sehen, die Gott in seinem Werk treu folgen. Wie William Tyndale vor langer Zeit sagte:

Es gibt keine Arbeit, die Gott mehr gefallen kann als andere: ein Glas Wasser einschenken, Geschirr spülen, Schuster oder Apostel sein, alle sind gleich; Geschirr spülen und predigen sind, was die Handlung betrifft, gleich, um Gott zu gefallen.

Gott kennt die Wege, auf denen wir, wie Jeremia, nach seinem Plan gebaut sind. Gott leitet uns an, unsere Fähigkeiten und Talente auf gottgefällige Weise in der Welt einzusetzen. Wir haben vielleicht nicht dieselbe Berufung wie Jeremia, und unsere Berufung ist vielleicht nicht so direkt, spezifisch und unbestreitbar wie seine. Es wäre ein Fehler zu denken, dass unsere Berufung zum Dienst so sein sollte wie die von

Jeremia. Vielleicht war Gott bei Jeremia außerordentlich direkt. Vielleicht war Gott außerordentlich direkt zu Jeremia. Vielleicht war Gott mit diesem Propheten außergewöhnlich direkt, weil er so zögerlich war, den Ruf des Herrn anzunehmen. So oder so können wir darauf vertrauen, dass Gott uns das gibt, was wir brauchen, um unsere Arbeit zu tun, was auch immer es ist, wenn wir ihm bei dieser Arbeit treu sind.

Die Güte und die Verschmutzung der Arbeit (Jeremia 2)

Lange bevor Jeremia geboren wurde, erklärte Gott, dass Arbeit gut für den Menschen sei (Gen **1-2**). Wie bereits erwähnt, bestand Jeremias Methode darin, zu erkennen, was Gott zuvor offenbart hatte, und darauf hinzuweisen, wie diese Grundsätze zu seiner Zeit in die Praxis umgesetzt wurden - oder eben nicht. In Kapitel **2** sprach Jeremia davon, wie das Volk die Güte des Werkes verdarb. Gott sagte zu seinem Volk: *"Ich habe euch in ein fruchtbares Land gebracht, damit ihr von seinen Früchten und seiner Güte esst; aber ihr seid gekommen und habt mein Land verunreinigt und mein Erbe zu einem Greuel gemacht"* (Jer **2,7**). Er fügte hinzu, dass das Volk *"nach Dingen gejagt hat, die keinen Nutzen haben"* (Jer **2,8**).

Der Herr brachte das Volk in ein fruchtbares Land, in dem die Früchte seiner Arbeit in Hülle und Fülle wachsen sollten, aber sie lehnten seine Gegenwart ab, indem sie sein Land beschmutzten. Dies ist ein gängiger Ausdruck des theologischen Privilegs im alten Orient: Gott hat das Land geschaffen und besitzt es, aber er hat es dem Volk zur Bewirtschaftung überlassen. Gott gewährte seinem Volk das große Privileg, sein Land zu bewirtschaften, den Ort, den er für seinen Tempel ausgewählt hatte, den Ort, an dem seine Gegenwart wohnte. Obwohl die Menschen zur Zeit Jeremias Gottes Land mit Verachtung bearbeiteten, wurde die Arbeit selbst vom Herrn als etwas Gutes geschaffen. *"Wenn du von der Arbeit deiner Hände isst, wirst du glücklich sein, und es wird dir wohl ergehen"* (Ps **128,2**). Die Arbeit auf dem Land ist notwendig und bringt, wenn sie in Gottes Sinne getan wird, Freude und ein tiefes Gefühl der Gegenwart und Liebe Gottes. *"Es gibt nichts Schöneres für einen Menschen, als zu* *essen und zu trinken und sich zu sagen, dass seine Arbeit gut ist. Ich habe gesehen, dass es aus der Hand Gottes kommt*" (Prediger **2,24**).

Aber das Werk wurde verunreinigt, als die Menschen aufhörten, Gott in ihrer Arbeit treu zu sein. Sie verunreinigten das Land, weil sie aufhörten, Gott zu folgen, und "*eitlen Dingen nachliefen und eitel wurden*" (Jer **2,5**). Wenn unsere Arbeit nicht gut läuft, kann das ein Zeichen dafür sein, dass unsere Gemeinschaft mit Gott schwächer geworden ist. Vielleicht haben wir aufgehört, Zeit mit Gott zu verbringen, vielleicht weil wir zu viel arbeiten. Oft sind wir jedoch versucht, das Problem zu lösen, indem wir mehr Zeit mit "*nutzlosen*" Aufgaben verbringen (Jer **2,8**) und so die Gemeinschaft mit Gott weiter vernachlässigen. Unsere Aufgaben sind nicht nutzlos, weil wir nicht lange genug arbeiten, sondern weil unsere Arbeit ohne Gott in unserer Arbeit fruchtlos und unwirksam wird. Was würde geschehen, wenn wir dem Problem auf den Grund gingen und mehr Zeit in der Gemeinschaft mit Gott verbrächten? Könnten wir mit Gott all die wichtigen Handlungen und Entscheidungen vorwegnehmen, die wir im Laufe des Tages treffen werden? Könnten wir uns an all die Menschen erinnern, denen wir begegnen werden, und für sie beten? Könnten wir unsere Arbeit am Ende des Tages mit Gott Revue passieren lassen?

Anerkennung von Gottes Versorgung (Jeremia 5)

Jeremia beklagte, dass "dieses Volk ein halsstarriges und rebellisches Herz hat; es hat sich abgewandt und ist in die Irre gegangen" (Jer 5,23). Sie sind Verwalter von Gottes Land und dazu berufen, es in der *"Furcht"* des Herrn zu bearbeiten. Die *"Furcht"* (der hebräische Begriff yare) Gottes wird im Alten Testament oft als Synonym für ein *"Leben im Einklang mit Gott"* verwendet. *Jeremia warnte jedoch davor, dass sie Gott als Quelle des Regens und der Sicherheit der Ernte nicht kannten. "Sie sagen nicht in ihrem Herzen: 'Lasst uns den Herrn, unseren Gott, fürchten, der den Regen zu seiner Zeit gibt, den Herbstregen und den Frühlingsregen, der uns die festgesetzten Wochen der Ernte erhält'"* (Jer 5,24). Sie sind untreu, weil sie sich einbilden, dass sie die Quelle ihrer eigenen Ernte sind (vgl. Jer **17,5-6**). Das Ergebnis ist, dass ihre Ernte nicht mehr gut ist. *"Eure Missetaten haben sie beiseite geschoben, und eure Sünden haben euch um das Gute gebracht"* (Jer **5,25**).

Dieser Abschnitt ist eine von vielen Stellen in den Kapiteln **1-25**, in denen von der "Verunreinigung" des Landes die Rede ist: "Es *ist etwas Furchtbares und Schreckliches im Lande geschehen: Die Propheten weissagen falsch, die Priester herrschen allein, und mein Volk hat seine Freude daran"* (Jer **5,30-31**). In der Antike, als die Wirtschaft hauptsächlich von der Landwirtschaft abhing, bedeutete die Verschmutzung des Landes nicht nur einen ästhetischen Verlust, sondern auch einen Verlust an Produktivität und Überfluss. Sie war auch eine Absage an den Gott, der ihnen das Land gegeben hatte. Chris Wright weist darauf hin, dass das Land - ebenso wie ein Sakrament oder sichtbares Zeichen - ein Thermometer für unsere Beziehung zu Gott ist. Die Vergewaltigung des Landes (sei es durch Konzerne, Armeen oder

Einzelpersonen) leugnet, dass es Gott gehört und dass er uns zu seinen Verwaltern gemacht hat.

Erfolg und Misserfolg von materiellem Besitz (Jeremia 5)

Bewahrt Gott diejenigen vor materiellem Erfolg, die in seinen Augen Böses tun? Jeremia sagt, was einige moderne Christen zu sagen wagen: Gottes Mangel an Versorgung kann ein Zeichen dafür sein, dass Gott ihre Arbeit nicht gutheißt. Gott hat Juda wegen der Sünde seines Volkes den Regen vorenthalten. *"Eure Missetaten haben euch dies [den Regen] vorenthalten, und eure Sünden haben euch des Guten beraubt"* (Jer 5,25). Der Prophet sagt nicht, dass alle Fälle von mangelnder Versorgung oder fehlendem Erfolg Zeichen des Gerichts Gottes sind. Dies ist eine der offenen Fragen, auf die Jesus fast sechshundert Jahre später einging, als er sagte, dass der blind geborene Mann diese Einschränkung nicht als Zeichen des Gottesurteils hatte (Joh 9,2-3). Darüber hinaus bietet Gott selbst denen, die böse sind, materielle Güter an. Nach Jesu Worten *lässt* Gott *"seine Sonne aufgehen über Bösen und Guten und lässt regnen über Gerechte und Ungerechte"* (Mt 5,45). Aus dem Buch Jeremia können wir nur sagen, dass materieller Erfolg von Gottes Versorgung abhängt und dass Gott - zumindest manchmal - denen, die Ungerechtigkeit und Unterdrückung praktizieren, materiellen Erfolg verweigern kann.

Wir müssen jedoch aufpassen, dass wir nicht zu dem Schluss kommen, dass es eine absolute Ursache-Wirkung-Beziehung zwischen unserer Sünde und Gottes Strafe in allen Situationen des Ressourcenmangels gibt. Sind die Entbehrungen der Armen darauf zurückzuführen, dass sie böse oder faul sind? Jeremia würde sagen, dass es den Armen an Mitteln fehlt, weil die Bösen oder die Faulen sie unterdrücken.

Ungerechtigkeit, Habgier, Gemeinwohl und Integrität (Jeremia 5-8)
Ungerechtigkeit in der Welt

Weil sie Gott nicht als die Quelle ihrer reichen Ernten anerkannten, verlor das Volk Juda jedes Gefühl der Verantwortung gegenüber dem Herrn für seine Arbeitsweise. Das verleitete sie dazu, die Schwachen und Wehrlosen zu unterdrücken und zu betrügen:

Sie übertreiben mit ihren Untaten; sie setzen sich nicht für die Sache des Waisen ein, damit es ihm gut geht, und verteidigen nicht die Rechte der Armen (Jer **5,28**).

Sie klammern sich an den Betrug und weigern sich, umzukehren. Ich habe gehört und zugehört; sie haben geredet, was nicht recht ist; kein einziger von ihnen bereut seine Ungerechtigkeit und sagt: *"Was habe ich getan?"* (Jer **8,5-6**).

Was zum Wohle aller auf Gottes Erde hätte getan werden sollen, geschah nur zum Nutzen bestimmter Personen und ohne Furcht vor dem Gott, für den sie arbeiten sollten. Deshalb hielt der Herr den Regen von ihnen zurück, und sie lernten bald, dass sie nicht die Quelle ihres eigenen Erfolgs waren. Hier gibt es Parallelen zur Wirtschaftskrise **2008-2010** und ihrem Verhältnis zu Entschädigung, Ehrlichkeit bei der Kreditvergabe und -aufnahme und dem Streben nach schnellen Gewinnen, selbst auf Kosten anderer. Es ist wichtig, Vereinfachungen zu vermeiden, denn die großen wirtschaftlichen Probleme von heute sind zu komplex für die verallgemeinerten Grundsätze, die wir von Jeremia übernehmen. Dennoch besteht ein - wenn auch komplexer -

Zusammenhang zwischen dem wirtschaftlichen Wohlergehen von Menschen und Nationen und ihrem geistlichen Leben und ihren Werten. Wirtschaftliches Wohlergehen ist eine moralische Frage.

Gier

Gott beruft die Menschen zu einem höheren Ziel als dem wirtschaftlichen Egoismus. Unser primäres Ziel ist unsere Beziehung zu Gott, innerhalb derer Versorgung und materieller Wohlstand zwar wichtig, aber begrenzt sind.

Ich erinnere mich an die Zuneigung deiner Jugend, an die Liebe deines Verlöbnisses, als du mir durch die Wüste gefolgt bist, durch ein Land, das nicht besät war. Israel war dem Herrn heilig, die Erstlingsfrucht seiner Ernte (Jer **2,2-3**).

Jeremia schaute sich um und sah, dass die Gier - das ungezügelte Streben nach finanziellem Gewinn - die Liebe zu Gott als wichtigstes Interesse des Volkes verdrängt hatte. *"Denn vom Geringsten bis zum Größten trachten alle nach Gewinn; vom Propheten bis zum Priester treiben alle Betrug"* (Jer **8,10**). Niemand entging Jeremias Verurteilung wegen Habgier. Der Prophet begünstigte weder die Reichen noch die Armen, weder die Kleinen noch die Großen. Wir sehen, wie er durch die *Straßen Jerusalems"* geht, um wenigstens *einen Mann zu* finden, *der Gerechtigkeit übt und die Wahrheit sucht"* (Jer **5,1**). Zuerst erkundigte sich Jeremia bei den Armen, aber er fand sie verstockt (Jer **5,4**). Dann wandte er sich an die Reichen, *"aber auch sie hatten mit einem Mal ihr Joch und ihre Ketten zerbrochen"* (Jer **5,5**).

Wie Walter Brüggemann sagt, werden alle Menschen, besonders aber die religiösen Führer, für ihren Mangel an Prinzipien im wirtschaftlichen Bereich verantwortlich gemacht.... Diese Gemeinschaft hat alle Maßstäbe verloren, nach denen sie ihre unersättliche und ausbeuterische Gier beurteilen und prüfen kann. Die Herzen haben sich der eigenen Bereicherung zugewandt, anstatt Gott zu fürchten und andere zu lieben.

Ob die Reichen (der König, Jer **22,17**) oder die Armen, diese Gier hat den göttlichen Zorn hervorgerufen.

Arbeiten zum Wohle aller

Gottes Wunsch ist es, dass wir zum Nutzen anderer leben und arbeiten, nicht nur für uns selbst. Jeremia kritisierte das Volk von Juda dafür, dass es sich nicht um diejenigen kümmerte, die keinen wirtschaftlichen Nutzen daraus ziehen konnten, darunter Waisen und Bedürftige (Jer **5,28**), Ausländer, Witwen und Unschuldige (Jer **7,6**). Dies geht über die Anklage hinaus, bestimmte Teile des Gesetzes nicht befolgt zu haben, wie z. B. Diebstahl, Mord, Ehebruch, falsche Eide zu schwören und falsche Götter anzubeten (Jer **7,9**). Jeremia erhebt diese Anklage gegen einzelne Personen (*"es gibt Bosheit in meinem Volk"*, Jer **5,26**), gegen alle (*"ganz Juda"*, Jer **7,2**), gegen die führenden Köpfe der Wirtschaft (die Reichen, Jer **5,27**) und der Regierung (die Richter, Jer **5,28**), gegen die Städte (Jer **4,16-18; 11,12; 26,2** und andere) und gegen die Nation als Ganzes (*"dieses böse Volk"*, Jer **13,10**). Alle Teile der Gesellschaft, jeder Einzelne und jede Institution, hatten den Bund mit Gott gebrochen.

Jeremias Beharren darauf, dass unsere Arbeit und ihre Früchte anderen zugute kommen, ist eine wichtige Grundlage für Geschäftsethik und persönliche Motivation. Ob eine Handlung zum Wohlergehen anderer beiträgt, ist ebenso wichtig wie ihre Legalität. Es mag legal sein, Geschäfte in einer Weise zu machen, die Kunden, Mitarbeitern oder der Gemeinschaft schadet, aber das macht es in den Augen Gottes nicht legitim. Die meisten Unternehmen sind beispielsweise Teil einer Produktionskette, die mit Rohstoffen beginnt, aus denen Teile hergestellt werden, die zu Baugruppen werden und dann zu fertigen Produkten, die in das Vertriebssystem gelangen und die Verbraucher erreichen. Ein Akteur in dieser Kette kann die Möglichkeit haben, Macht über die anderen zu erlangen, die Gewinnspannen zu verringern und den gesamten Gewinn einzustreichen. Aber selbst wenn dies legal geschieht, ist es gut für die Branche und die Gemeinschaft, und ist es auf lange Sicht überhaupt tragbar? Es kann auch legal sein, wenn eine Gewerkschaft die Leistungen für die bestehenden Arbeitnehmer beibehält, indem sie weniger Leistungen für neue Arbeitnehmer aushandelt, aber wenn alle Arbeitnehmer diese Leistungen brauchen, wird dann das Ziel der Gewerkschaft wirklich erreicht?

Das sind komplexe Fragen, und wir finden bei Jeremia keine genaue Antwort darauf. Relevant ist in dem Buch, dass die Menschen in Juda größtenteils dachten, sie lebten nach dem Gesetz, das wahrscheinlich auch zahlreiche Wirtschafts- und Arbeitsvorschriften enthielt. Im Gegensatz zu anderen Propheten (z. B. Hesekiel **45,9-12**) erwähnt Jeremia beispielsweise nicht, dass die Kaufleute, mit denen er in Kontakt kam, ungerechte Gewichte und Maße verwendeten, was gegen die Gesetze in Levitikus **19,36** verstoßen hätte. Gott betrachtete ihre Wirtschafts- und Arbeitspraktiken jedoch als untreu, weil sie zwar den Buchstaben des Gesetzes, nicht aber den Geist befolgten. Jeremia sagt, dass dies letztlich dazu führte, dass nicht alle Menschen die Früchte ihrer Arbeit in Gottes Land genießen konnten.

Wie das Volk von Juda haben wir alle die Möglichkeit, die Vorteile, die wir durch unsere Arbeit erhalten, anzuhäufen oder zu teilen. Einige Unternehmen geben den größten Teil ihrer Prämien und Aktienkaufmöglichkeiten an leitende Angestellte. Andere verteilen sie auf alle Mitarbeiter. Manche Menschen versuchen, alle Lorbeeren für die Leistungen, an denen sie beteiligt waren, für sich zu beanspruchen. Andere geben ihren Mitarbeitern so viel Anerkennung, wie sie können. Auch hier handelt es sich um ein komplexes Thema, und wir sollten es vermeiden, vorschnelle Urteile über andere zu fällen. Jeder kann sich jedoch eine einfache Frage stellen: Kommt die Art und Weise, wie ich Geld, Macht, Anerkennung und andere Belohnungen aus meiner Arbeit einsetze, in erster Linie mir selbst zugute oder kommt sie meinen Kollegen, meiner Organisation und meiner Gesellschaft zugute?

In ähnlicher Weise können Organisationen von Gier oder vom Gemeinwohl angetrieben werden. Wenn ein Unternehmen seine Monopolmacht ausnutzt, um hohe Preise zu verlangen, oder zu Täuschungsmanövern greift, um seine Produkte zu verkaufen, handelt es in Übereinstimmung mit seiner Geldgier. Wenn eine Regierung ihre Macht nutzt, um ihre eigenen Interessen über die ihrer Nachbarn oder ihrer Führer über die ihrer Bürger zu stellen, handelt sie aus Machtgier.

Jeremia bietet eine umfassende Perspektive auf das Gemeinwohl und sein Gegenteil, die Habgier. Begehrlichkeit beschränkt sich nicht auf Gewinne, die gegen ein bestimmtes Gesetz verstoßen, sondern schließt jede Art von Gewinn ein, der die Bedürfnisse und Umstände anderer ignoriert. Jeremia zufolge war zu seiner Zeit niemand frei von solcher Habgier. Ist es heute anders?

Integrität

Das Wort Integrität bedeutet, dass wir nach einem einzigen, konsistenten Satz von ethischen Werten leben. Wenn wir zu Hause, bei der Arbeit, in der Kirche und in der Gemeinschaft denselben ethischen Standards folgen, sind wir integer. Wenn wir in verschiedenen Lebensbereichen unterschiedlichen ethischen Standards folgen, fehlt es uns an Integrität.

Jeremia beklagt den Mangel an Integrität, den er bei den Menschen in Juda sieht. Sie glaubten offenbar, sie könnten in ihrer Arbeit und in ihrem täglichen Leben gegen Gottes ethische Normen verstoßen und dann in den Tempel gehen, sich heilig verhalten und von den Folgen ihres Handelns verschont bleiben.

Zu stehlen, zu töten, Ehebruch zu begehen, falsch zu schwören, dem Baal zu opfern und anderen Göttern nachzulaufen, die ihr nicht kennt. Wollt ihr denn kommen und vor mir stehen in diesem Haus, das nach meinem Namen genannt ist, und sagen: *"Wir sind schon gerettet"*, und dann weiter all diese Gräuel tun? *"Ist dieses Haus, das nach meinem Namen genannt ist, in euren Augen zu einer Räuberhöhle geworden? Siehe, ich selbst habe es gesehen"*, spricht der Herr (Jer 7,9-11).

Jeremia ruft sie auf, integer zu leben, sonst wird ihre Frömmigkeit vor Gott keinen Bestand haben. *"Und ich werde euch aus meinem Angesicht verstoßen"*, sagt Gott (Jer **7,15**). Unser Herz ist nicht allein durch den Besuch des Tempels mit Gott im Einklang. Unsere Beziehung zu ihm spiegelt sich in unseren Handlungen wider, in dem, was wir jeden Tag tun, auch in dem, was wir bei der Arbeit tun.

Glaube an Gottes Versorgung (Jeremia 8:16)

In Jeremia 5 haben wir gesehen, dass das Volk Gottes Versorgung nicht erkannt hat. Wenn das Volk Gott nicht als ultimative Quelle der guten Dinge, die es bereits hatte, anerkannte, wie viel Glauben konnte es dann haben, sich auf Gottes Versorgung in der Zukunft zu verlassen? John Cotton, der puritanische Theologe, sagt, dass der Glaube die Grundlage für alles sein muss, was wir im Leben tun, einschließlich unserer Arbeit oder Berufung:

Der Christ, der wirklich glaubt, lebt in seiner Berufung durch seinen Glauben. Nicht nur mein geistliches Leben, sondern auch mein ziviles Leben in dieser Welt und alles, was ich lebe, ist durch den Glauben des Sohnes Gottes: Für ihn ist nichts im Leben von der Einheit seines Glaubens ausgenommen.

Hier zeigt sich wieder das grundlegende Versagen des Volkes von Juda zur Zeit Jeremias, sein Mangel an Glauben. Manchmal drückte Jeremia es so aus, dass sie den Herrn *"nicht kannten"*, was eine Voraussetzung für Treue ist. Ein anderes Mal beschreibt er es als "nicht *hören*", d. h. nicht zuhören, nicht gehorchen und dem, was Gott gesagt hat, kein Gewicht beimessen. Ein andermal nennt er es einen Mangel an *"Furcht"*. Aber all das ist nichts anderes als ein Mangel an Glauben - ein lebendiger, aktiver Glaube daran, wer Gott ist und was er tut oder sagt. Dieser Mangel verunreinigt die Sicht der Menschen auf die Arbeit und führt zu eklatanten Verstößen gegen Gottes Gesetz und zur Ausbeutung anderer zu ihrem eigenen Vorteil.

Die große Ironie ist, dass die Menschen, die auf ihr eigenes Handeln vertrauten, anstatt dem Herrn in ihrer Arbeit treu zu sein, am Ende die

Freude, die Zufriedenheit und die Güte des Lebens verpassten. Mit der Zeit wird Gott sich mit ihrer mangelnden Treue befassen und *"für den ganzen Rest, der von diesem bösen Samen übrig geblieben ist, eher den Tod als das Leben wählen"* (Jer **8,3**). Gottes Gesetze sind zu unserem eigenen Besten und sollen uns auf unser rechtes Ziel hin ausrichten. Wenn wir Gottes Gesetze beiseite schieben, weil sie uns daran hindern, uns auf unsere eigene Weise um uns selbst zu kümmern, lehnen wir Gottes Plan für uns ab und werden das Gegenteil davon. Wenn wir auf eigene Faust arbeiten - und vor allem, wenn wir dabei Gottes Gesetze missachten -, verfehlt die Arbeit ihren eigentlichen Zweck. Wir leugnen Gottes Gegenwart in der Welt. Wir denken, wir wüssten besser als Gott, wie wir bekommen können, was wir wollen. Also arbeiten wir so, wie wir es wollen, und nicht so, wie es Gott will. Dadurch erhalten wir jedoch nicht die guten Dinge, die Gott uns schenken möchte. Wenn wir diesen Mangel erfahren, verfallen wir in immer verzweifeltere Akte der Selbstsucht. Wir nehmen Abkürzungen, unterdrücken andere und horten das Wenige, das wir haben. Nun erhalten wir nicht nur nicht das, was Gott uns geben will, sondern wir schaffen es auch nicht, etwas Wertvolles für uns oder andere zu produzieren. Wenn die ganze Gemeinschaft oder Nation so handelt, werden wir bald miteinander zerstritten sein und immer weniger befriedigende Produkte unserer Arbeit suchen. Wir sind das Gegenteil von dem geworden, was wir als Volk Gottes sein sollten. Jetzt *"weiß und sieht jeder, dass es böse und bitter ist, den Herrn, deinen Gott, zu verlassen und mich nicht zu fürchten"*, spricht der Herr, der Gott der Heerscharen (Jer **2,19**).

Das Thema der Verlassenheit Gottes, des Verlusts des Glaubens an seine Versorgung und der Unterdrückung des Volkes taucht in Jeremia **8-16 immer wieder auf.** Der Wohlstand des Volkes schwindet. Infolgedessen verschwindet auch ihr Wohlstand: "Man *hört nicht mehr das Geschrei des Viehs; von den Vögeln des Himmels sind sogar die Tiere geflohen; sie sind verschwunden"* (Jer **9,10**). Infolgedessen versuchen sie, den Verlust zu kompensieren, indem sie sich gegenseitig betrügen. *"Ein jeder betrügt* seinen Nächsten und sagt nicht die Wahrheit..... Deine Wohnung ist inmitten von Betrug" (Jer **9,5-6**).

Die Rolle der Arbeit für ein ausgeglichenes Leben (Jeremia 17)

Jeremia konzentrierte sich auch auf den Zyklus von Arbeit und Ruhe. Wie immer ging der Prophet von einer früheren Offenbarung Gottes aus, in diesem Fall von der Sabbatruhe:

Und am siebten Tag vollendete Gott sein Werk, das er gemacht hatte, und ruhte am siebten Tag von all seinem Werk, das er gemacht hatte (Gen **2,2**).

Denkt an den Sabbat und haltet ihn heilig. Sechs Tage sollst du arbeiten und alle deine Werke tun, aber der siebte Tag ist der Sabbat der Ruhe für den Herrn, deinen Gott (Ex **20,8-10**).

Aber Jeremia traf auf ein Volk, das sich weigerte, den Sabbat zu halten:

So spricht der Herr: "Hütet euch davor, am Sabbat Lasten zu tragen und sie durch die Tore Jerusalems zu bringen. Ihr sollt am Sabbat keine Last aus euren Häusern tragen und keine Arbeit tun, sondern den Sabbat heiligen, wie ich euren Vätern geboten habe. Aber sie hörten nicht und neigten ihre Ohren nicht, sondern verstockten ihren Nacken, damit sie nicht hören und sich nicht bessern ließen (Jer **17,21-23**).

Zuvor, im gleichen Kapitel **17**, sprach Gott durch Jeremia und sagte:

Verflucht sei der Mann, der sich auf Menschen verläßt und das Fleisch zu seiner Stärke macht und sein Herz vom HERRN abwendet. Er wird sein wie ein Strauch in der Wüste und wird das Gute nicht sehen, wenn es kommt; er wird in den Felsen der Wüste wohnen, ein Salzland ohne Bewohner. Selig ist der Mann, der auf den HERRN vertraut, dessen Vertrauen auf den HERRN gerichtet ist. Er wird sein wie ein Baum, der am Wasser gepflanzt ist und seine Wurzeln am Bach ausstreckt; er wird sich nicht fürchten in der Hitze, und seine Blätter werden grün sein; im Jahr der Dürre wird er sich nicht fürchten und nicht aufhören, seine Frucht zu bringen (Jer **17,5-8**).

Im Grunde wiederholte Jeremia seinen Gedanken über den Glauben an Gottes Versorgung, den wir in den Kapiteln 8-16 besprochen haben, und verwendete den Sabbat als konkretes Beispiel. Wenn wir uns auf uns selbst verlassen, anstatt Gott treu zu sein, glauben wir, dass wir uns keine Zeit zum Ausruhen nehmen können. Es gibt zu viel zu tun, wenn wir in unserem Beruf, zu Hause und in unseren Hobbys erfolgreich sein wollen, also ignorieren wir den Sabbat, um das zu tun. Aber Jeremia sagt, wenn wir uns auf uns selbst verlassen und "*das Fleisch*" zu unserer Stärke machen, wird es uns in die "*Wüste*" führen, wenn wir uns **24 Stunden am Tag** unermüdlich anstrengen, um Erfolg zu haben. Er wird "das *Gute* nicht *sehen, wenn es kommt*". Wer dagegen auf den Herrn vertraut, "*wird nicht versäumen, Frucht zu bringen*". *Kurz gesagt, es ist kontraproduktiv, die Notwendigkeit eines Gleichgewichts zwischen Arbeit und Ruhe zu ignorieren*".

Arbeit ist ein Segen für die ganze Gesellschaft (Jeremia 29).

In Jeremia **29** betont der Prophet, dass Gott mit der Arbeit seines Volkes die umliegenden Gemeinden segnen und ihnen dienen will, nicht nur das Volk Israel.

So spricht der Herr der Heerscharen, der Gott Israels, zu allen Verbannten, die ich von Jerusalem nach Babylon ins Exil geschickt habe: *"Baut Häuser und wohnt darin, pflanzt Gärten und esst ihre Früchte. Nehmt euch Frauen und zeugt Söhne und Töchter ... vermehrt euch dort und werdet nicht weniger. "Und sucht das Wohlergehen der Stadt, in die ich euch vertrieben habe, und betet für sie zum Herrn; denn in ihr werdet ihr Wohlergehen finden."* (Jer **29**,4-7)

Dieses Thema findet sich bereits in früheren Kapiteln, z. B. in Gottes Gebot, die innerhalb der Grenzen Judas lebenden Ausländer nicht zu unterdrücken (Jer **7**,**6**; **22**,**3**). Es ist auch Teil des Bundes, an den Jeremia Juda erinnert hat. *"Abraham wird ein großes und mächtiges Volk werden, und in ihm werden alle Völker der Erde gesegnet sein"* (Gen **18**,**18**). Die falschen Propheten im Exil versicherten den exilierten Juden jedoch, dass Gottes Gunst immer bei Israel liegen würde, und zwar unter Ausschluss der Nachbarvölker. Babylon würde fallen, Jerusalem würde gerettet werden und das Volk würde bald nach Hause zurückkehren. Jeremia versuchte, dieser falschen Behauptung Gottes wahres Wort an sie entgegenzusetzen: *"Ihr werdet siebzig Jahre lang im Exil in Babylon sein"* (Jer **29**,**10**).

Babylon würde die einzige Heimat für diese Generation sein. Gott forderte das Volk auf, das Land fleißig zu bearbeiten: *"Baut Häuser ... pflanzt Gärten und esst ihre Früchte"*. Die Juden sollten als Gottes Volk hinausgehen, obwohl sie sich an einem Ort der Strafe und Buße für sie befanden. Außerdem war der Erfolg der Juden in Babylon an den Erfolg Babylons gebunden. *"Betet zum Herrn für sie [die Stadt], denn wenn es ihr gut geht, wird es euch gut gehen"* (Jer **29**,7). Dieser Aufruf zur staatsbürgerlichen Verantwortung vor zweitausendsechshundert Jahren ist auch heute noch gültig. Wir sind aufgerufen, uns für das Wohl der gesamten Gemeinschaft einzusetzen, nicht nur für unsere eigenen Interessen. Wie die Juden zur Zeit Jeremias sind auch wir alles andere als perfekt. Vielleicht leiden wir sogar unter unserem eigenen Mangel an Treue und Korruption. Wir sind jedoch berufen und begabt, ein Segen für die Gemeinschaften zu sein, in denen wir leben und arbeiten.

Gott hat sein Volk dazu aufgerufen, seine vielfältigen beruflichen Fähigkeiten in den Dienst der umliegenden Gemeinschaft zu stellen. *"Und sucht das Wohl der Stadt, in die ich euch verbannt habe"* (Jer **29**,7). Man könnte argumentieren, dass dieser Abschnitt nicht wirklich beweist, dass Gott an den Babyloniern interessiert ist. Er weiß einfach, dass es den Israeliten als Gefangene dort nicht gut gehen kann, wenn es ihren Gefangenen nicht auch gut geht. Aber wie wir gesehen haben, ist die Sorge um diejenigen, die nicht zu Gottes Volk gehören, ein fester Bestandteil des Bundes und taucht auch in Jeremias früheren Lehren auf.

In Jeremia **29** werden Hausbauer, Gärtner, Landwirte und Arbeiter aller Art ausdrücklich dazu aufgerufen, für das Wohl der ganzen Gesellschaft zu arbeiten. Gottes Vorsorge ist so groß, dass selbst dann, wenn die Häuser seines Volkes zerstört, Familien deportiert, Ländereien beschlagnahmt, Rechte verletzt und der Frieden zerstört werden, genug übrig bleibt, um zu gedeihen und andere zu segnen. Dies wird nur möglich sein, wenn sie sich auf Gott verlassen; daher die Aufforderung zum Gebet in Jeremia **29**,7. Im Lichte von Jeremia **29 ist es** schwierig, **1.** Korinther **12-14** und die anderen neutestamentlichen Abschnitte über die Gaben so zu lesen, dass sie sich nur auf die Kirche oder auf Christen beziehen (eine Erörterung dieses Punktes findet sich unter *"1. Korinther"* in Lehre für die Arbeit).) Gott beruft und rüstet sein Volk für den Dienst an der ganzen Welt aus.

Gottes Gegenwart ist überall (Jeremia 29)

Das ist natürlich nicht verwunderlich, denn *"die Erde ist des Herrn und alles, was darinnen ist, der Erdkreis und die darauf wohnen"* (Ps **24,1**). Gottes Gegenwart ist nicht nur in Jerusalem oder Juda, sondern sogar in der Hauptstadt des Feindes. Wir können ein Segen sein, wo immer wir sind, denn Gott ist mit uns, wo immer wir sind. Dort, im Herzen Babylons, wurde das Volk Gottes aufgerufen, so zu arbeiten, als ob es in der Gegenwart Gottes wäre. Es fällt uns heute schwer zu verstehen, wie schockierend dies für die Exilanten gewesen sein muss, die dachten, dass Gott nur im Tempel in Jerusalem gegenwärtig war. Nun wurde ihnen gesagt, dass sie in Gottes Gegenwart leben sollten, ohne den Tempel und fern von Jerusalem.

Das Gefühl des Exils ist vielen arbeitenden Christen vertraut. Wir sind es gewohnt, Gottes Gegenwart in der Kirche, unter seinen Anhängern zu finden. Aber am Arbeitsplatz, neben Gläubigen und Nicht-Gläubigen, erwarten wir vielleicht nicht, Gottes Gegenwart zu finden. Das bedeutet nicht, dass diese Institutionen notwendigerweise unethisch oder christenfeindlich sind, sondern nur, dass ihre Pläne nicht vorsehen, in der Gegenwart Gottes zu arbeiten. Gott ist jedoch gegenwärtig und versucht immer, sich denen zu offenbaren, die ihn dort erkennen. Wenn ihr euch auf dem Land niederlasst, legt Gärten an und esst, was ihr produziert, arbeitet und nehmt euren Lohn mit nach Hause. Gott ist bei euch.

Ein Segen für alle Völker (Jeremia 29)

H ier finden wir eine erweiterte Vision des Gemeinwohls. Er betet für Babylon, denn Israels Ziel ist es, ein Segen für die ganze Menschheit zu sein, nicht nur für sich selbst: "*In dir sollen gesegnet werden alle Geschlechter der Erde*" (Gen 12,3). In der völligen Niederlage kommt der Moment, in dem sie aufgerufen werden, sogar ihre Feinde zu segnen. Dieser Segen schloss materiellen Wohlstand ein, wie Jeremia **29**,7 deutlich macht. Welch eine Ironie, dass Gott in den Kapiteln **1-25** Juda seines Friedens und Wohlstands beraubte, weil es ihnen an Treue mangelte, aber in Kapitel **29** segnete Gott Babylon mit Frieden und Wohlstand, obwohl die Babylonier nicht an den Gott Judas glaubten. Warum? Weil Israels wahre Bestimmung darin bestand, ein Segen für alle Völker zu sein.

Dies stellt sofort jeden Plan in Frage, der zum besonderen Nutzen der Christen entworfen wurde. Als Teil unseres Zeugnisses sind Christen dazu aufgerufen, auf dem Markt wirksam zu konkurrieren. Wir können keine mittelmäßigen Unternehmen führen und erwarten, dass Gott uns segnet, wenn wir unterdurchschnittliche Leistungen erbringen. Wenn wir die Welt segnen wollen, müssen Christen mit Spitzenleistungen auf gleicher Augenhöhe konkurrieren. Jede Geschäftsorganisation, jede privilegierte Beziehung zu Lieferanten, jede Bevorzugung bei der Einstellung, jeder steuerliche oder regulatorische Vorteil oder jedes andere System, das nur Christen zugute kommt, ist kein Segen für die Stadt. Während der irischen Hungersnöte Mitte des 19. Jahrhunderts versorgten viele anglikanische Kirchen nur Menschen, die vom römisch-katholischen Glauben zum Protestantismus konvertierten, mit Lebensmitteln. Der dadurch verursachte Unmut wirkt noch hundertfünfzig Jahre später nach, und es war einfach ein Akt des

Eigeninteresses einer christlichen Sekte gegen eine andere. Man stelle sich den weitaus größeren Schaden vor, der durch die Diskriminierung von Nichtgläubigen durch Christen verursacht wurde und der die Seiten der Geschichte von der Antike bis heute füllt.

Die Arbeit der Christen in ihrer Treue zu Gott soll allen zugute kommen, angefangen bei denen, die nicht zu Gottes Volk gehören, und über sie bis hin zu Gottes eigenem Volk. Dies ist vielleicht Jeremias tiefgründigstes wirtschaftliches Prinzip: dass die Arbeit zum Wohle anderer der einzige verlässliche Weg ist, um für unser eigenes Wohl zu arbeiten. Erfolgreiche Wirtschaftsführer wissen, dass Produktentwicklung, Marketing, Vertrieb und Kundendienst nur dann erfolgreich sind, wenn sie den Kunden in den Mittelpunkt stellen. Dies ist sicherlich eine gute Praxis, die von allen Mitarbeitern anerkannt werden sollte, ob sie nun Anhänger Christi sind oder nicht.

Die Wiederherstellung der Güte bei der Arbeit (Jeremia 30-33)

Dreiundzwanzig Jahre lang prophezeite Jeremia die kommende Zerstörung Jerusalems (aus Gottes Argumenten gegen Juda in den Kapiteln 2-28). Dann, in den Kapiteln **30-33**, zeigte der Prophet seine Sehnsucht nach der Wiederherstellung des Reiches Gottes. Er beschrieb es als die Freude an der Arbeit ohne die Verderbnis der Sünde:

Wieder will ich dich bauen, und du sollst wieder gebaut werden, du Jungfrau Israels; wieder sollst du deine Tamburine ergreifen und zu Tänzen hinausgehen mit denen, die sich freuen. Wieder sollst du Weinberge pflanzen auf den Bergen Samarias; die Pflanzer sollen sie pflanzen und sich daran erfreuen. Denn es wird der Tag kommen, an dem die Wächter des Berglandes von Ephraim rufen werden: *"Macht euch auf, lasst uns hinaufziehen zum Zion, zum Herrn, unserem Gott*!" (Jer. **31:4-6**).

Auch Häuser, Felder und Weinberge werden in diesem Land gekauft werden (Jer. **32:15**).

Der allgemeine Kontext von Jeremias Prophezeiungen ist Sünde, Exil und Wiederherstellung, wie wir hier sehen. Sogar die Art und Weise, wie sie genannt wird (*"Jungfrau von Israel"*), ist eine Aussage über die Wiederherstellung im Vergleich zu Jer **2:23-25,33** und **3:1-5**. Obwohl die Wiederherstellung Judas noch nicht unmittelbar bevorstand, sprach der Prophet von der Hoffnung, die den Verbannten in **29,11** verheißen wurde. In der wiederhergestellten Welt würde das Volk ein Volk des Friedens werden. In der wiederhergestellten Welt würde das Volk weiter arbeiten, aber obwohl seine Arbeit in der Vergangenheit vergeblich gewesen war, würde es später die Früchte genießen. Das Leben des wiederhergestellten Volkes würde die Aspekte Arbeit, Vergnügen, Festmahl und Anbetung umfassen, die alle miteinander verwoben sind. Das Bild vom Säen, Ernten, Musizieren, Tanzen und Genießen der Ernte beschreibt die Freude an der Arbeit und die Treue zu Gott. Dies bleibt die christliche Vision des Reiches Gottes, die sich in der heutigen Welt teilweise erfüllt und in der neuen Schöpfung, die in Offenbarung **21-22** beschrieben wird, vollendet wird.

Die Treue zu Gott ist keine Nebensache, sondern eine Grundvoraussetzung für die Freude an der Arbeit und ihren Früchten. Der "*neue Bund*", der in Jeremia **31:31-34** und **32:37-41** beschrieben wird, "*unterstreicht erneut die Bedeutung der Treue*".

Siehe, es kommen Tage, spricht der HERR, *da will ich mit dem Hause Israel und mit dem Hause Juda einen neuen Bund schließen, nicht wie den Bund, den ich mit ihren Vätern geschlossen habe an dem Tage, da ich sie bei der Hand nahm, um sie aus Ägyptenland zu führen, meinen Bund, den sie gebrochen haben, da ich ihr Mann war*, spricht der HERR; *denn das ist der Bund, den ich mit dem Hause Israel schließen will nach jenen Tagen*, spricht der HERR. Ich will mein Gesetz in sie hineinlegen und es auf ihr Herz schreiben; ich will ihr Gott sein, und sie sollen mein Volk sein. Und sie werden es nicht mehr nötig haben, ihren Nächsten und ihren Bruder zu belehren und zu sagen: 'Erkenne den HERRN'; denn sie alle, vom Kleinsten bis zum Größten, werden mich erkennen" (Jer **31,31-34**).

Mit einem Schlag sehen wir eine Welt wiederhergestellt: die Arbeit des Volkes Gottes wird so genossen, wie sie immer sein sollte, mit Herzen, die dem Gesetz des Herrn treu sind. Die Menschen sind wieder die, die sie immer sein sollten, arbeiten für das Gemeinwohl und erfahren Gottes Gegenwart in allen Aspekten des Lebens. Robert Carroll kommentiert: "*Die wiederhergestellte Gemeinschaft ist eine, in der Arbeit und Gottesdienst miteinander verbunden sind*". Wir erwarten zwar nicht, dass dies für uns in vollem Umfang Realität wird, da wir uns immer noch in einer Welt der Sünde befinden, aber wir können heute einige Andeutungen eines solchen Szenarios erkennen.

Die Emanzipation der Sklaven (Jeremia 34)

Eines der neuen Gebote Gottes in Jeremia ist die Abkehr von der Sklaverei (Jer **34,9**). Nach dem mosaischen Gesetz mussten hebräische Sklaven nach sechs Jahren Dienst freigelassen werden (2. Mose **21,2-4**; Deuteronomium **15,12**). Erwachsene konnten sich selbst verkaufen, und Eltern konnten ihre Kinder für sechs Jahre in die Sklaverei verkaufen. Danach sollten sie freigelassen werden (Lev **25,39-46**). Theoretisch war dies ein humaneres System als die moderne Leibeigenschaft oder Sklaverei, aber die Herren missbrauchten es, indem sie die Vorschrift, Sklaven am Ende der Laufzeit freizulassen oder Sklaven für aufeinanderfolgende Sechsjahresperioden auf Lebenszeit zurückzunehmen, im Wesentlichen ignorierten (Jer **34:16-17**).

Jer **34:9** ist bedeutsam, weil er die sofortige Freilassung aller hebräischen Sklaven forderte, unabhängig davon, wie lange sie als Sklaven gearbeitet hatten. Noch drastischer war die Bestimmung, *dass "niemand einen Juden, seinen Bruder, als Sklaven haben soll ... so dass niemand sie mehr als Sklaven haben soll"* (Jer **34:9-10**). Mit anderen Worten: Es ging um die Abschaffung der Sklaverei, zumindest was Juden betraf, die andere Juden als Sklaven hielten. Es ist nicht klar, ob es sich um eine dauerhafte Abschaffung handelte oder ob sie eine Reaktion auf die extremen Umstände der militärischen Niederlage und des drohenden Exils war. Auf jeden Fall wurde sie nicht lange durchgesetzt, und es dauerte nicht lange, bis die Herren ihre ehemaligen Sklaven als Sklaven zurückforderten. Nichtsdestotrotz ist es ein beeindruckender wirtschaftlicher Fortschritt - oder wäre es gewesen, wenn es eine dauerhafte Maßnahme geworden wäre.

Von Anfang an verbot Gott die unfreiwillige und lebenslange Sklaverei unter den Juden, denn *"du warst ein Sklave in Ägypten, und der Herr, dein Gott, hat dich erlöst"* (Dtn **15,15**). Wenn Gott seinen Arm ausstreckte, um ein Volk zu befreien, wie konnte er es dann dulden, dass es in die Sklaverei zurückkehrte, und sei es für andere aus demselben Volk? Doch in Jeremia **34 fügte** Gott ein neues Element hinzu: *"Er verkündet jedem Menschen die Freiheit seines Bruders und jedem Menschen die Freiheit seines Nächsten"* (Jer **34,17**). Das heißt, die Menschlichkeit der Sklaven - die als *"Bruder und Nächster"* bezeichnet wurden - verlangte, dass sie freigelassen werden. Sie verdienten es, frei zu sein, weil sie geliebte Mitglieder der Gemeinschaft waren - oder hätten sein sollen. Dies ging über die religiöse oder rassische Klassifizierung hinaus, da Menschen verschiedener Religionen und Rassen einander Nachbarn sein konnten. Es hatte nichts damit zu tun, dass sie von einem bestimmten Volk, Israel, abstammten, das Gott aus Ägypten befreit hatte. Sklaven sollten einfach deshalb befreit werden, weil sie Menschen waren, ebenso wie ihre Herren und die Gemeinschaften um sie herum.

Dieses Grundprinzip bleibt gültig. Die Millionen von Menschen, die nach wie vor in der ganzen Welt versklavt sind, müssen dringend befreit werden, einfach weil sie menschliche Wesen sind. Außerdem müssen alle Arbeitnehmer - nicht nur die versklavten - als *"Brüder, Schwestern und Mitmenschen"* behandelt werden. Dieser Grundsatz gilt für unmenschliche Arbeitsbedingungen, Verletzungen der Bürgerrechte von Arbeitnehmern, ungerechte Diskriminierung, sexuelle Belästigung und eine Vielzahl kleinerer Übel ebenso wie für die Sklaverei selbst. Was wir unseren Mitmenschen nicht antun würden, was wir nicht dulden würden, wenn es unseren Brüdern und Schwestern widerfährt, dürfen wir in unseren Unternehmen, Organisationen, Gemeinschaften oder Gesellschaften nicht dulden. In dem Maße, wie Christen das Umfeld ihrer Arbeitsplätze gestalten können, haben wir den gleichen Auftrag wie das Volk Juda zur Zeit Jeremias.

Steht fest in der Arbeit (Jeremia 38)

D er größte Teil des Buches beschreibt Jeremias Prüfungen als Prophet (Kapitel **35-45**), seine Prophezeiungen an die Völker (Kapitel **46-51**) und den Bericht über den Fall Jerusalems (Kapitel **52**). Die Geschichte von Ebed-Melech ist ein herausragender Abschnitt des Werks. Die Geschichte ist einfach: Jeremia predigte zu den Menschen, während Jerusalem von der babylonischen Armee belagert wurde. Seine Botschaft lautete, dass die Stadt fallen würde und dass jeder, der herauskam und sich den Babyloniern ergab, am Leben bleiben würde, aber die Beamten von Juda nahmen dies nicht als motivierende Rede auf. Mit Erlaubnis des Königs steckten sie Jeremia in eine Zisterne, wo er während der babylonischen Belagerung verhungern oder beim nächsten Regen ertrinken sollte (Jer **38,1-6**).

Dann geschah etwas Überraschendes. Ein Einwanderer namens Ebed-Melech, der Diener im königlichen Palast war, hörte, dass Jeremia in die Zisterne gelegt worden war. Als der König im Tor von Benjamin saß, kam Ebed-Melech aus dem Palast und sagte zu ihm: *"Mein Herr, König, diese Männer haben Unrecht getan, was sie dem Propheten Jeremia angetan haben, indem sie ihn in die Zisterne geworfen haben; er wird dort, wo er ist, vor Hunger sterben, denn es gibt kein Brot mehr in der Stadt."* Da befahl der König dem Äthiopier Ebed-Melech: *"Nimm drei Männer mit und hole den Propheten Jeremia aus der Zisterne, bevor er stirbt"* (Jer **38,7-10**).

Es ist sehr wahrscheinlich, dass die Änderung der Entscheidung des Königs ein Zeichen der Gleichgültigkeit in dieser Angelegenheit war (obwohl Gott sowohl Gleichgültigkeit als auch Aktivität von Seiten eines Königs gebrauchen kann). Es ist der namenlose heidnische Sklave (Ebed-melech bedeutet einfach *"Sklave des Königs"*), der sich als treu erweist. Obwohl er aufgrund seines Immigrantenstatus und seiner Rassenunterschiede ein gefährdeter Arbeiter war, brachte ihn seine Treue zu Gott dazu, sich gegen die Ungerechtigkeit an seinem Arbeitsplatz auszusprechen. Das Ergebnis war die Rettung eines Lebens. Ein anonymes Zahnrad an einer Drehmaschine machte den Unterschied zwischen Leben und Tod aus.

Ebed-Melechs Einsatz für den Propheten veranschaulicht Jeremias Botschaft, dass die Treue zu Gott wichtiger ist als alle anderen Erwägungen am Arbeitsplatz. Ebed-Melech wusste im Voraus nicht, ob der König gerecht handeln würde oder ob ein Ausstieg aus der hierarchischen Kette ein karrierebegrenzender Schritt wäre (oder ein Schritt, der sein Leben beenden würde, wenn man bedenkt, was mit Jeremia geschah). Er scheint darauf vertraut zu haben, dass Gott für ihn sorgen würde, unabhängig davon, wie der König reagieren würde. Also wurde Ebed-Melech von Gott gelobt. *"Ich will dich erretten ... weil du auf mich vertraut hast, spricht der Herr"* (Jer **39,18**).

Jeremia, der Dichter in Aktion: Die Klagelieder

Obwohl es in der Bibel selbst keinen Beweis dafür gibt, dass das Buch der Klagelieder von Jeremia geschrieben wurde, deuten die rabbinische Tradition, die parallelen Themen von Jeremia und den Klageliedern und der Augenzeugencharakter der Klagelieder darauf hin, dass Jeremia der wahrscheinlichste Verfasser dieser fünf Wehgedichte ist. Juda und seine Hauptstadt Jerusalem wurden vollständig zerstört. Nach einer zweijährigen Belagerung nahmen die Babylonier die Stadt ein, rissen ihre Mauern nieder, plünderten und zerstörten den Tempel Gottes und verschleppten die arbeitsfähigen Einwohner ins babylonische Exil.

Jeremia ist einer der wenigen Überlebenden im Land, der unter denjenigen lebt, die sich während der Hungersnot an das Leben klammerten und zusahen, wie verhungernde Kinder starben, während falsche Propheten das Volk weiterhin über Gottes Pläne täuschten. Das Buch der Klagelieder schildert die Verwüstung der Stadt und die Verzweiflung des Volkes und weist gleichzeitig auf die Ursache dieser Verwüstung hin.

Hier sehen wir den Dichter in Aktion. In fünf dicht gegliederten Gedichten verwendet er kraftvolle Bilder des Gemetzels in der Stadt, als Gott sein Volk für seine abscheulichen Sünden bestrafen lässt. Doch trotz der emotionalen Tiefe seiner Klage fängt der Künstler die Verwüstung in einer kontrollierten poetischen Weise ein. Es ist Kunst im Dienste der emotionalen Befreiung. Es ist zwar ungewöhnlich, dass eine Diskussion über "Arbeit" auch die Arbeit von Künstlern einschließt, aber diese Gedichte zwingen uns, die Macht der Kunst zu erkennen, die Höhen und Tiefen der menschlichen Erfahrung zu erfassen.

Der Künstler fügt inmitten der Verzweiflung eine Note der Hoffnung hinzu, indem er die Zukunft in der Güte Gottes verwurzelt:

Das lege ich mir zu Herzen, denn darauf hoffe ich: Möge die Barmherzigkeit des Herrn niemals aufhören, denn seine Güte versagt nie; sie ist jeden Morgen neu; groß ist seine Treue! *"Der Herr ist mein Teil"*, sagt meine Seele, *"darum hoffe ich auf ihn. Der Herr ist gut zu denen, die auf ihn hoffen, zu der Seele, die ihn sucht"* (Lam **3,21-25**).

Denn der Herr verwirft nicht für immer, sondern wenn er bedrängt, wird er sich auch erbarmen nach seiner großen Barmherzigkeit. Denn er straft nicht zum Vergnügen, und er plagt die Menschenkinder nicht (Lam **3,31-33**).

Warum sollten sich die Lebenden beklagen, lasst sie mutig sein angesichts ihrer Sünden! Lasst uns unsere Wege prüfen und erforschen und uns zum Herrn bekehren; lasst uns unser Herz in unseren Händen zu Gott im Himmel erheben (Lam **3,39-41**).

Bei der Zerstörung Jerusalems litten die Unschuldigen zusammen mit den Schuldigen. Kinder verhungerten, und treue Propheten wie Jeremia ertrugen das gleiche Elend, das denen auferlegt wurde, deren Sünden die Zerstörung der Stadt verursachten. Dies ist die Realität des Lebens in einer gefallenen Welt. Wenn Unternehmen unter der Last von Fehlentscheidungen, grober Fahrlässigkeit oder illegalen Praktiken zusammenbrechen, verlieren unschuldige Menschen ihre Arbeitsplätze und Renten zusammen mit den Verursachern der Katastrophe. Gleichzeitig sind die Ungerechtigkeiten dieses Lebens für arbeitende Christen nicht ewig. Gott regiert, und seine Barmherzigkeit währt ewig (Ps **136**). Es ist nicht leicht, inmitten sündiger Systeme und prinzipienloser Führer an dieser göttlichen Realität festzuhalten, aber die Klagelieder sagen uns, dass *"der Herr nicht für immer verleugnet werden wird"*. Wir wandeln im Glauben an den lebendigen Gott, dessen Treue zu uns niemals versagen wird.

Abschluss des Buches Jeremia und der Klagelieder

Durch Jeremias Prüfungen und prophetische Vorhersagen taucht das Buch in eine fesselnde Geschichte ein, die im Fall Jerusalems gipfelt. Es ist jedoch die Geschichte von Ebed-Melech, die inmitten dieses düsteren Bildes wie ein Leuchtfeuer leuchtet. Dieser bescheidene Einwanderer trotzt nicht nur den Machthabern, um das Leben des gefangenen Propheten zu retten, sondern zeigt auch, dass selbst in den dunkelsten Zeiten eine kleine Tat den Unterschied zwischen Leben und Tod ausmachen kann.

Ebed-melechs Mut und Treue sind wirklich inspirierend. Trotz seiner Verletzlichkeit als Ausländer und untergeordneter Arbeiter bringt ihn seine Hingabe an Gott dazu, sich gegen die herrschenden Ungerechtigkeiten zu wehren und für das zu kämpfen, was richtig ist. Sein Eingreifen rettet nicht nur einen einzelnen Menschen, sondern offenbart auch die verändernde Kraft eines einzelnen Menschen, der bereit ist, nach seinen Überzeugungen zu handeln.

In dieser faszinierenden Geschichte finden wir eine beeindruckende Botschaft: Selbst wenn es in den Augen der Welt unmerklich oder unbedeutend erscheint, kann jeder einen nachhaltigen Unterschied machen, wenn er es wagt, das Richtige zu tun. Unabhängig von unserer Situation oder unserem sozialen Status haben wir alle das Potenzial, positive Veränderungen herbeizuführen und uns für Gerechtigkeit einzusetzen.

"Die Geschichte von Ebed-Melech erinnert uns daran, dass unser Handeln Leben verändern und widrige Umstände umkehren kann. Wir wissen vielleicht erst im Nachhinein, wie groß unser Einfluss sein wird, aber wir müssen immer daran denken, dass unser Handeln weitreichende Folgen für uns selbst und für die Menschen um uns herum hat. In einer zunehmend gleichgültigen Welt können wir die Stimme sein, die sich gegen Ungerechtigkeit ausspricht, und das Herz, das bereit ist zu helfen. So wie Ebed-melec ein Leben gerettet hat, können auch wir etwas für unsere Umwelt tun und eine bessere Zukunft für alle schaffen.

Don't miss out!

Visit the website below and you can sign up to receive emails whenever Biblische Predigten publishes a new book. There's no charge and no obligation.

https://books2read.com/r/B-A-SAWHB-QUAED

BOOKS2READ

Connecting independent readers to independent writers.

Did you love *Analyse der Arbeiterbildung in den Prophetischen Büchern Jeremia und in den Klageliedern*? Then you should read *Analyse der Arbeiterbildung im Prophetischen Buch Hesekiel*[1] by Biblische Predigten!

[2]

Dieses biblische Lehrbuch zeigt, wie der Prophet Hesekiel in Bezug auf die Arbeitserziehung arbeitet. Es bietet eine einzigartige Perspektive auf finanzielle Verantwortung, Unternehmensführung und das Gleichgewicht zwischen wirtschaftlichem Erfolg und göttlicher Barmherzigkeit. Studenten und Geschäftsleute werden die unverzichtbaren Lektionen lernen, die Gott uns durch das Alte Testament gegeben hat, um das auserwählte Volk auf dem Weg zu göttlicher Gerechtigkeit und Güte zu leiten, indem sie die Prophetie auf ihrem Weg feiern. *Entdecken Sie das Buch Hesekiel und Sie werden wieder sehen, was es bedeutet, ein gerechtes Leben zu führen!*

---

1. https://books2read.com/u/49JR9M

2. https://books2read.com/u/49JR9M

Also by Biblische Predigten

Die Lehre von der Arbeit in der Bibel
Analyse der Arbeiterbildung im Prophetischen Buch Jesaja
Analyse der Arbeiterbildung in den Prophetischen Büchern Jeremia und in den Klageliedern
Analyse der Arbeiterbildung im Prophetischen Buch Hesekiel
Analyse der Arbeiterbildung im Prophetischen Buch Daniel
Analyse der Arbeiterbildung in den Prophetischen Büchern Hosea, Amos, Obadja, Joel und Micha
Analyse der Arbeiterbildung in den Prophetischen Büchern Nahum, Habakkuk und Zephanja
Analyse der Arbeiterbildung in den Prophetischen Büchern Haggai, Sacharja und Maleachi
Analyse der Arbeiterbildung im Matthäus Evangelium
Analyse der Arbeiterbildung im Markus Evangelium
Analyse der Arbeiterbildung im Lukas Evangelium
Analyse der Arbeiterbildung im Johannes Evangelium
Analyse der Arbeiterbildung in der Apostelgeschichte
Analyse der Arbeiterbildung im Brief an die Römer
Analyse der Arbeiterbildung in den Briefen an die Korinther
Analyse der Arbeiterbildung in den Briefen an die Galater, Epheser und Philipper
Analyse der Arbeiterbildung in den Briefen an die Kolosser, Philemon und Thessaloniche

Analyse der Arbeiterbildung in den Pastoralbriefen Titus und Timotheus

Analyse der Arbeiterbildung in den Allgemeinen Briefen und der Apokalypse

Analyse der Arbeiterbildung im Neuen Testament

Analyse der Arbeiterbildung in den Briefen des Apostels Paulus

Analyse der Arbeiterbildung in den vier Evangelien und in der Apostelgeschichte

About the Author

Diese Bibelstudienreihe eignet sich für Christen aller Stufen, von Kindern über Jugendliche bis hin zu Erwachsenen. Sie *bietet einen ansprechenden und interaktiven Weg, die Bibel zu lernen,* mit Aktivitäten und Diskussionsthemen, die Ihnen helfen werden, tiefer in die Heilige Schrift einzudringen und Ihren Glauben zu stärken. Ob Sie Anfänger oder erfahrener Christ sind, diese Reihe wird Ihnen helfen, Ihr Wissen über die Bibel zu erweitern und Ihre Beziehung zu Gott zu stärken. Geleitet von Brüdern mit vorbildlichen Zeugnissen und umfassender Kenntnis der Heiligen Schrift, *die sich im Namen des Herrn Jesus Christus* auf der ganzen Welt *versammeln.*